LA
LOI SALIQUE.

DU MÊME AUTEUR.

De la Nation et des Factions, ou *Coup-d'œil sur l'État de la Liberté publique aux diverses époques de notre Histoire, et sur son état présent.* — 2ᵐᵉ édition. — Chez *Bobée*, Imprimeur, et *Delaunay*, Libraire.

De la Jeunesse Française. Chez *Beaudouin* frères et *Delaunay*.

LA
LOI SALIQUE

TRADUITE EN FRANÇAIS,

ET ACCOMPAGNÉE D'OBSERVATIONS ET DE NOTES EXPLICATIVES,

PRINCIPALEMENT SUR LE TITRE LXII.

Par **CARRION-NISAS** fils.

PARIS,

Chez { DELAUNAY; CORRÉARD, } Libraires au Palais-Royal;
MONGIE, Boulevard Poissonnière.

1820.

DE L'IMPRIMERIE DE HOCQUET.

AVANT-PROPOS.

Il est assez singulier que notre plus ancien Code national n'ait été connu, pendant très long-tems, que par une disposition qui ne s'y trouvait pas : nous voulons parler de l'usage des Francs-Saliens, devenu loi fondamentale de la monarchie Française, qui excluait les femmes de la succession à la couronne. Cette loi, purement coutumière, ne fut écrite à aucune époque de la monarchie, et c'est à tort que plusieurs commentateurs et publicistes ont prétendu la découvrir dans le titre 62 du code Salique. Leur erreur, à cet égard, a été parfaitement démontrée par *Vertot* et *Foncemagne*.

Quand ce Code fut-il promulgué ? Il paraît, d'après l'un des prologues qui le précèdent, que sa publication eut lieu antérieurement au règne de Clovis. C'est aussi l'opinion de beaucoup de savans (1).

---

(1) *Legem Salicam, quæ cum aliis germanicarum gentium antiquis legibus dudùm edita extat, à Francis fuisse latam constat, cùm nondùm Christum recepissent.*
(Leibnitz, dans son traité *de origine Francorum.*)

4

Il fut rédigé en langue latine (1) : cette rédaction fut donc faite, au plutôt, vers le tems de l'établissement des Francs dans les Gaules.

La loi Salique n'était, comme on sait, obligatoire que pour les Francs-Saliens, même après que leurs Rois eurent subjugué les différentes parties de la Gaule et les diverses tribus germaines qui s'y étaient établies comme eux. Les Gaulois continuèrent à suivre la loi romaine ; les Francs Ripuaires conservèrent la loi Ripuaire, etc (2). On était libre cependant de quitter la loi dans laquelle on avait été élevé, pour en adopter une autre et passer sous la juridiction de nouveaux tribunaux.

---

(1) *Legem autem Salicam, primùm linguâ latinâ, barbaro licet stylo, ad instar legum romanorum, conscriptam fuisse, nullus dubito. Proceres Franci, in aulâ imperatorum tunc potentes erant, et plurimi in castris eorum agebant, ubi linguam illam sibi familiarem reddebant; germanicam scribere nesciebant ferè usquè ad tempora Carolina.* (Eccard.)

(2) *Homines omnium gentium legum suarum judicantur judicio... sunt diversæ ut gentes ità et leges.* (Hincmar.)

Tibi actionem Comitatûs, Ducatûs... commisimus ità ut... omnes populi ibidem commanentes, tàm Franci, Romani, Burgundiones, quàm reliquæ nationes, sub tuo regimine et gubernatione degant... et eos secundùm legem et consuetudinem eorum regas. (Formules de Marculphe.)

Très-peu de Gaulois quittèrent la loi romaine pour se faire naturaliser Francs. Cette seule circonstance prouve que la nation dominante ne jouissait pas de tant de priviléges, et que les nations vaincues ne subissaient pas des servitudes aussi dures que l'ont prétendu quelques historiens.

Nous ne publions pas la totalité de la loi Salique : la lecture en eût été fastidieuse; nous avons dû, pour en faire connaître l'esprit, sans ennuyer le lecteur, traduire seulement les titres ou articles les plus intéressans, et nous borner à indiquer sommairement ceux qui ne contiennent que des répétitions ou d'insipides détails.

Il règne, comme on le verra, peu d'ordre dans ce Code. Tout y est pêle-mêle. Souvent on y voit, sous un même intitulé, des choses qui n'ont entr'elles point, ou presque point de rapport. Les deux éditions de cette loi qui nous ont été conservées (1) ne sont évidem-

____

(1) L'une de ces deux éditions a été publiée par *Hérold*, en 1557, d'après un ancien manuscrit de Fulde; le texte paraît dater de la première race ; la seconde, publiée par *Pithou*, est une copie de l'édition faite sous Charlemagne, et par son ordre. C'est cette dernière version que nous avons généralement suivie. Au surplus, elles diffèrent peu l'une de l'autre.

ment que des lambeaux épars et mal cousus, du texte original.

Toutefois, telle qu'elle nous est parvenue, elle contient un tableau, plein de naïveté et d'intérêt, des mœurs primitives des conqué-rans de la Gaule.

Nous avons apporté le plus grand soin dans le commentaire qui accompagne la traduction de chaque titre, et nous n'avons rien négligé de ce que nous ont présenté d'instructif ou de curieux, et nos recherches propres, et celles de nos plus savans devanciers.

DES PROLOGUES DE LA LOI SALIQUE.

Ils sont au nombre de trois.

Le premier, qui paraît avoir été rédigé après le règne de *Clovis* et avant celui de *Dagobert*, nous apprend que la loi Salique fut écrite, selon le vœu de la nation, par quatre de ses chefs principaux, élus par elle à cet effet, et investis de ses pleins pouvoirs. Ils se nommaient *Salogast*, *Wisogast*, *Bodogast*, et *Windogast*. Le Code, publié par eux, fut ensuite revu par *Clovis*, *Clotaire et Childebert*, qui en retranchèrent ou y ajoutèrent plusieurs dispositions (1).

(1) *INCIPIT TRACTATUS LEGIS SALICÆ.*

Gens Francorum inclyta , auctore Deo condita , fortis in armis, profundaque consilio, firma in pacis fœdere , corpore nobilis et incolumis, candore et formâ egregia, audax, velox et aspera, ad c tholicam fidem nuper conversa, immunis quidem ab omni hœresi, dùm adhùc ritù, teneretur barbarico, inspirante Deo inquirens scientiæ clavem, juxtà morum suorum qualitatem desiderans justitiam et custodiens pietatem, dictavit legem Salicam per proceres illius gentis qui tunc temporis ejusdem aderant rectores. Electi de pluribus viris quatuor his nominibus Wisogastus, Salogastus, Bodogastus et Widogastus in locis cognominatis Solehaim, Bodohaim , Widohaim, qui per tres mallos convenientes , omnes causarum origines sollicitè tractantes, discutiendo de singulis sicut ipsa lex declarat, judicium decreverunt hoc modo. At ubi Deo favente rex Francorum Clodoveus, florens , et pulcher , et inclytus primus recepit catholicum baptismum ; et deindè Childebertus et Clotarius in culmen regale, Deo protegente, pervénere, quidquid in pacto habebatur minimus idoneum per illos fuit lucidius emendatum et sanctius decretum. Vivat qui Francos diligit! Christus eorum regnum custodiat, rectores eorumdem lumine suæ gratiæ repleat, exercitum protegat, fidoi mon··menta tribuat, pacis gaudia

Le second, publié probablement par ordre de *Dagobert*, annonce la nouvelle réforme faite dans la loi Salique sous le règne de ce prince, par les soins de quatre savans personnages nommés *Claudius*, *Chadoin*, *Domagnus* et *Agillofus* (2). Ces deux prologues sont réunis en un seul dans l'édition *d'Hérold*.

Le troisième, qu'on trouve à la suite du premier, dans l'édition de *Pithou*, n'est que la répétition d'une partie des deux autres.

---

et felicitatis, tempora dominantium Deo Jesû-Christo propitiante concedat. Hæc est enim gens quæ parva dùm esset numero, durissimum Romanorum jugum de suis cervicibus excussit pugnando; atque, post agnitionem baptismi, sanctorum martyrum corpora quæ Romani vel igni concremaverunt, vel ferro truncaverunt, vel bestiis laceranda projecerunt, Franci reperta auro et lapidibus pretiosis ornaverunt.

(2) Theodoricus rex Francorum, cùm esset cathalaunis, elegit viros sapientes, qui in regno suo legibus antiquis eruditi erant; ipso autem dictante, jussit conscribere legem Francorum, Alamannorum et Baioariorum; et unicuique genti, quæ in ejus potestate erat, secundùm consuetudinem suam; addiditque addenda, et improvisa et incomposita resecavit; et quæ erant secundùm consuetudinem Paganorum, mutavit secundùm legem Christianorum. Et quidquid Theodoricus rex propter vetustissimam Paganorum consuetudinem emendare non potuit, post hæc Childebertus rex incohavit corrigere; sed Chlotarius rex perfecit. Hæc omnia Dagobertus rex gloriosissimus per viros illustres Claudio, Chadoin, Domagno et Agillofo renovavit; et omnia veterum legum in melius transtulit; inicuique quoque genti scriptam tradidit. Factæ autem sunt leges, ut earum metû humana coerceretur nequitia; tutaque sit inter probos innocentia, et in ipsis improbis formido suppliciorum; et ut refrænentur nocendi facultates.

Hoc decretum est apud Regem et principes ejus, et apud cunctum populum Christianum, qui infrà regnum merwungorum consistunt.

LA LOI SALIQUE.

TITRE PREMIER.

De l'Ajournement.

ARTICLE PREMIER. Si quelqu'un est ajourné devant le juge royal, et qu'il ne s'y rende point, il sera condamné à payer 600 *deniers, qui font* 15 *sols* (1), à moins qu'il ne fasse valoir des empêchemens légitimes.

II. Celui qui aura ajourné quelqu'un, et qui ne se rendra pas devant le juge à l'époque de l'ajournement, sera pareillement condamné à payer 600 deniers, à moins qu'il ne fasse valoir des empêchemens légitimes.

III. Celui qui ajourne, doit se rendre, accompagné de témoins, à la maison de celui qu'il ajourne, et lui signifier l'ajournement parlant à lui, ou à sa femme, ou à une personne de sa famille, afin qu'il ne puisse ignorer qu'il est ajourné.

IV. Si on se trouve hors de chez soi, pour le service du Roi et par ses ordres, on ne peut être ajourné.

V. Mais si l'on est absent pour ses affaires personnelles, on peut être ajourné dans la forme prescrite ci-dessus.

---

(1) Le sou d'or contenait 40 deniers. Le denier Gaulois valait, au commencement de la première race, environ 24 centimes et 70 centièmes de centimes de notre monnaie.

TITRE II.

Des vols de Cochons.

(Ce titre contient 20 articles. On y remarque les art. 3 et 4, qui établissent une peine deux fois plus forte pour le vol avec effraction que pour le vol commis en plein air) :

III. Si un pourceau est enlevé d'une étable fermée à clef, la *composition* sera de 1800 deniers, qui font 45 sols, en outre de la restitution de l'objet volé et de l'acquit du *fredum* (1).

IV. Mais s'il a été enlevé dans un champ, au milieu des porcs, et tandis que le porcher gardait le troupeau, la composition ne sera que de 600 deniers, qui font 15 sols, en outre de la restitution et du fredum.

TITRE III.

Des vols de Bœufs.

(La composition la plus forte dont parle ce

---

(1) On sait que, chez les Francs-Saliens, tous les délits s'expiaient par une double amende : la composition était l'amende que l'on payait à celui que l'on avait offensé, volé, ou blessé, et à la famille de l'homme qu'on avait tué ; le *Fredum* était l'amende payée au Fisc. Montesquieu l'appelle *la récompense de la protection accordée contre le droit de vengeance.*

C'était le prix de *la paix* : du mot *friede*, paix.

De *fredum* est venu notre mot *frais.*

Avant l'établissement des Francs dans les Gaules, ils ne connaissaient guère l'usage de la monnaie : les compositions s'acquittaient alors en bœufs ou en moutons. *Luitur enim etiam homicidium certo armentorum ac pecorum numero recipitque satisfactionem universa domus.*

(TACITE.)

titre est relative à celui qui sera convaincu d'avoir volé *le Taureau du Roi*. Il est condamné à payer 90 sous.)

TITRE IV.

Des vols de Moutons.

TITRE V.

Des vols de Chèvres.

TITRE VI.

Des Chiens volés.

TITRE VII.

Des Oiseaux volés.

TITRE VIII.

Des Arbres volés.

TITRE IX.

Des Abeilles volées.

TITRE X.

Des Dégats commis dans les moissons et dans les enclos.

TITRE XI.

Des Esclaves enlevés à leurs maîtres.

(Il ne faut pas perdre de vue que la loi salique,

ayant été rédigée avant Clovis, ce prince et ses successeurs ajoutèrent de nouveaux articles à cette loi, à mesure que de nouveaux usages, de nouveaux rapports, de nouveaux besoins, se furent introduits dans la nation, par l'effet de son mélange avec les Gallo-Romains.

Nous voyons, par exemple, qu'il est question d'esclaves dans ce titre (1) et dans quelques autres titres subséquens, quoique les Francs n'eussent point eu d'esclaves proprement dits avant leur établissement dans les Gaules; et nous avons trouvé ci-dessus les mots de *Juge royal*, de *Service du Roi*, quoique la nation primitive n'eût pas eu de Rois, mais des Chefs militaires, qui n'avaient ni le nom ni l'autorité de monarque.)

TITRE XII.

Des vols commis par les hommes libres et avec effraction.

ARTICLE PREMIER. Si un homme libre vole, ailleurs que dans l'intérieur d'une maison, un objet de la valeur de deux deniers, qu'il soit condamné à payer 600 deniers, qui font 15 sous, en outre de la restitution et du fredum.

III. S'il force une maison, et qu'il y vole un objet de la valeur de deux deniers, la composition sera de 1,200 deniers, en outre de la restitution et du fredum.

____

(1) On payait 2,800 deniers pour avoir enlevé un esclave de la valeur de 600 deniers.

v. Si un homme libre brise une clef, ou en fabrique une fausse, et qu'entré de la sorte dans une maison, il en dérobe quelque chose, il paiera 1,800 deniers, qui font 45 sous, en outre de la restitution et du fredum.

vi. S'il ne dérobe rien, et qu'il prenne la fuite après l'effraction, il paiera, pour le fait seul de l'effraction, 1,200 deniers, qui font 30 sous.

TITRE XIII.

Des vols commis par les esclaves.

ARTICLE PREMIER. Si un esclave vole, hors de la maison, un objet de la valeur de deux deniers, et qu'il soit convaincu du fait, il recevra 120 coups de verges, ou, *pour racheter son dos*, il paiera 120 deniers, qui font 3 sous (1).

II. Mais si l'objet volé vaut 40 deniers, qu'il soit châtré, ou qu'il paie 240 deniers, et qu'en outre le maître de l'esclave restitue l'objet volé.

TITRE XIV.

Des hommes libres qui enlèvent des femmes libres.

ARTICLE PREMIER. Si trois hommes ont enlevé une jeune fille libre, que chacun d'eux paie 1,200 deniers.

----

(1) Nous ne répéterons plus ces évaluations des deniers en sous, qui se reproduisent à chaque article de la loi.

Remarquez qu'on *payait* toujours un *fredum*, même lorsque la loi n'en faisait pas la mention expresse. Les *Freda* constituaient la majeure partie des revenus du prince.

ii. S'ils sont plus de trois, que chacun paie 200 deniers.

iii. S'ils sont venus armés de flèches, qué chacun paie 120 deniers.

iv. Et quand il n'y a qu'un ravisseur, qu'il paie 2, 500 deniers.

v. Si la jeune fille enlevée est *sous la protection du Roi* (1), qu'il soit condamné à payer, *à titre de fredum*, 2, 500 deniers.

vi. Si un esclave du Roi a enlevé une femme libre, qu'il paie son crime de sa vie (2).

vii. Si une femme libre s'est laissé enlever volontairement, qu'elle perde la liberté.

viii. Si quelqu'un a enlevé la fiancée d'un autre et en a fait sa femme, qu'il paie 2 , 500 deniers.

ix. Et qu'il en donne au fiancé 600 (3).

x. Si quelqu'un a attenté à la pudeur d'une fiancée, qu'il paie 8, 000 deniers.

xi Si un homme libre a fait sa femme de l'esclave d'un autre, qu'il soit esclave comme elle.

xii. Si quelqu'un a enlevé l'épouse d'un autre, du vivant du mari, qu'il paie 8, 000 deniers.

xiii. Si on a fait violence à la pudeur d'une jeune fille libre, on paiera 2, 500 deniers.

xiv. Si on a obtenu les faveurs d'une fiancée,

----

(1) La composition est payée, dans cet article, *à titre de fredum*, parce que c'était au Roi qu'elle était due.

(2) *De vitâ componat.*

(3) Les 2,500 étaient donc payés à titre de fredum ; le fredum, en cette occasion, excédait, par conséquent, la composition.

du plein consentement de celle-ci, on paiera 1,800 deniers.

xv. Si quelqu'un a fait sa femme de la *lite* d'un autre, qu'il paie 1,200 deniers (1).

xvi. Si on épouse la fille de sa sœur ou de son frère, la femme de son frère ou de son oncle, on paiera de même 1,200 deniers, et, en outre, le mariage sera dissous ; et si on a eu des enfans de ces unions abominables, ils ne seront pas au nombre des héritiers légitimes et seront réputés infâmes.

TITRE XV.

De celui qui aura dépouillé un homme libre.

ARTICLE II. Si un Romain a assailli et dépouillé un Franc, la composition sera de 2, 500 deniers.

iii. Mais si un franc a commis le même délit sur la personne d'un romain, la composition ne sera que de 1,200 deniers.

TITRE XVI.

De celui qui aura pillé une maison.

TITRE XVII.

De celui qui aura dépouillé un mort.

ARTICLE PREMIER. Si quelqu'un a dépouillé un mort avant qu'il soit mis en terre, il paiera 4,000 deniers.

---

(1) Les *lites* étaient des espèces d'affranchis ; c'était la condition intermédiaire entre l'esclavage et la liberté.

II. S'il l'a déterré pour le dépouiller, il paiera 8, 000 deniers ; et les parens du défunt devront ensuite prier le juge de ne pas permettre que l'auteur d'un tel forfait habite dans la société des hommes. Que si quelqu'un lui donne l'hospitalité avant que les parens soient satisfaits, il paiera 600 deniers.

III. Si on ensevelit un homme dans la fosse d'un autre, on paiera 2, 500 deniers.

TITRE XVIII.

Des Incendies.

TITRE XIX.

Des Blessures.

ARTICLE II. Si on blesse un homme à la tête et que le sang coule jusqu'à terre, on paiera 600 deniers.

III. S'il lui sort trois os de la tête, on paiera 11,00 deniers.

IV. Si la cervelle est mise à nû et qu'il lui sorte trois os du crâne, on en paiera 1800.

V. Si on a fait une plaie qui soit encore ouverte au moment du jugement, on paiera 2,500 deniers, et, en outre, 360 deniers pour le traitement de la plaie.

VI. Si on a frappé un homme à coups de poing, on paiera 360 deniers. Et, en outre, 120 pour chaque coup de poing.

TITRE XX.

De celui qui dénonce au Roi un homme innocent
et absent.

ARTICLE VII. Si un homme absent et innocent est accusé auprès du Roi d'une faute légère, son calomniateur paiera 2,800 deniers.

VIII. Mais si on lui a imputé un crime emportant la peine capitale, le calomniateur paiera 8,000 deniers.

TITRE XXI.

Des Maléfices.

ARTICLE IV. Si on fait manger à une femme des herbes qui l'empêchent d'avoir des enfans, on paiera 2,500 deniers.

TITRE XXII.

De celui qui aura serré la main à une femme libre.

ARTICLE PREMIER. Si un homme libre serre la main ou un doigt à une femme libre, qu'il paie 600 deniers.

II. S'il lui serre le bras, qu'il paie 1,200 deniers.

III Si, le coude, qu'il en paie 1,400.

IV. Si, la mamelle, 1,800.

2

TITRE XXIII.

De celui qui sera monté dans une nacelle sans la permission du Maître.

TITRE XXIV.

Des Vols commis dans les moulins.

TITRE XXV.

De celui qui aura monté un cheval sans la permission du maître.

TITRE XXVI.

De ceux qui auront tué, ou tondu un jeune garçon, ou une jeune fille.

ARTICLE VI. Si on tue une jeune fille libre, qui ne soit pas encore en âge d'avoir des enfans, la composition sera de 8,000 deniers.

VII. Si l'on tue une femme libre qui a déjà eu des enfans, la composition sera de 24 , 000 deniers.

VIII. Si elle ne peut plus avoir d'enfans, la composition sera de 8,000 deniers.

IX. Si un enfant au-dessous de douze ans, a commis quelque délit, il ne paiera pas de fredum.

(En vertu du même titre, celui qui tond un jeune garçon libre , sans la permission de ses parens , paie 1,800 deniers ; on en paie 2,500 pour avoir coupé les cheveux à une jeune fille. On sait que , chez nos premiers rois, la chevelure coupée était un signe de servitude. Celui qui tombait en esclavage, coupait ses cheveux et les présentait à son maître.)

TITRE XXVII.

Des Adultères commis avec les femmes esclaves.

ARTICLE PREMIER. Si un ingénu a commis un adultère avec une esclave, la composition sera de 600 deniers.

II. Si quelqu'un commet un adultère avec une esclave du roi, la composition sera de 1,200 den.

III. Si un esclave a commis un adultère avec une femme esclave, et que celle-ci soit morte des suites du crime, il paiera 240 deniers, ou sera châtré; et le maître de l'esclave donnera une autre servante au maître de la servante.

v. Si elle n'est pas morte , l'esclave recevra 120 coups de verges, ou paiera 120 deniers au maître de la servante.

TITRE XXVIII.

Des Affranchis declarés Ingénus.

ARTICLE PREMIER. Si quelqu'un fait déclarer libre par le Roi (1) un lite qui aura suivi son

____

(1) Voici la formule de l'affranchissement :

Nos verò manú propriá nostrd excutientes de manú supradicti N. denarium et numerum et argentum et aurum et dragmam et sestertium et minam, secundùm legem Salicam, eum liberum dimisimus et ab omni jugo servitutis absolvimus, etc. etc.

maître à la guerre, et que ce soit à l'insu et contre le gré du maître, il paiera à celui-ci 4,000 deniers, et, en outre, il lui restituera tout ce qui appartenait au lite (1).

II. Si quelqu'un a fait déclarer libre, par le Roi, l'esclave d'un autre, il paiera au maître 1,400 deniers, lui restituera tout ce qui appartenait à l'esclave déclaré Ingénu, et lui donnera, de plus, un autre esclave (2).

TITRE XXIX.

De différentes espèces de vols.

TITRE XXX.

Des Criminels soudoyés.

ARTICLE PREMIER. Celui qui a donné de l'argent à un homme pour l'engager à en tuer un autre, paiera une composition de 2,500 deniers.

II. Celui qui a reçu l'argent, paiera la même somme.

III. Si l'argent a été compté par l'entremise d'un tiers, celui-ci sera condamné, comme les deux premiers, à payer 2, 500 deniers.

----

(1) Il paraît, d'après la clause qui termine cet article 1er., que le lite ne possédait rien en propre, et qu'il était, sous ce rapport, assimilé à l'esclave.

(2) L'acte qui donnait la liberté à l'esclave ou au lite restait donc valable.

TITRE XXXI.

Des Lacérations et Amputations.

(Dans ce titre, vraiment hideux, les mains, les pieds, les doigts, les oreilles, les nez, les langues coupés, les dents brisées, les yeux crevés ou arrachés, les castrations, les demi-castrations, sont appréciés successivement suivant un tarif très-détaillé.)

TITRE XXXII.

Des Injures.

ARTICLE PREMIER. Si un homme en appelle un autre *borgne*, il paiera 600 deniers.

II. S'il l'appelle *ch....* (1), il en paiera 120.

III. S'il l'appelle *Renard* (2), 120 également.

IV. S'il l'appelle *Lièvre* (3), 240.

V. Si une femme ou un homme libre appelle une femme *p.....* (4), et qu'il ou elle ne puisse le prouver, la composition sera de 1,800 deniers.

VI. Si on impute à quelqu'un d'avoir abandonné son bouclier dans une bataille ou dans une déroute, la composition sera de 120 deniers.

VII. Si on a appelé quelqu'un délateur, et

---

(1) Le texte porte *concagatum*.
(2) *Vulpiculam*; synonime, sans doute, de *perfide*, *rusé*, *traître*.
(3) *Leporem*; synonime de *lâche*, *fuyard*.
(4) *Meretricem*.

qu'on ne puisse pas le prouver, elle sera de 600 deniers.

VIII. Si on l'a appelé faussaire, elle sera de 600 également.

TITRE XXXIII.

Des Chemins bouchés ou entravés (1).

TITRE XXXIV.

De celui qui aura lié un homme libre.

ARTICLE III. Si un Romain a lié un Franc, qu'il paie 1,200 deniers.

IV. Si un Franc a lié un Romain, qu'il paie 600 deniers.

TITRE XXXV.

Des Chasses.

ARTICLE V. Si quelqu'un tue ou vole un sanglier qui a été lancé par les chiens d'un autre, qu'il paie 600 deniers.

TITRE XXXVI.

Des Enceintes de champs.

TITRE XXXVII.

Des Meurtres commis par les esclaves.

---

(1) Le texte porte : *si quis baroni viam suam obstaverit. Baro* est ici pour *vir.* Les Espagnols disent encore *varon,* pour désigner un *homme,* un *mâle.*

TITRE XXXVIII.

*Des Quadrupèdes par qui des hommes seraient
tués.*

(Le maître de l'animal qui a tué un homme, est
rendu responsable, et paie, dans presque tous les
cas, une composition à la famille du mort.)

TITRE XXXIX.

De la recherche des Animaux perdus.

TITRE XL.

Des Chevaux volés.

TITRE XLI.

*Des Esclaves à qui l'on fait quitter le service de
leur maître sans son consentement.*

TITRE XLII.

Des Esclaves soupçonnés de vol.

(Ils étaient appliqués à la question, dans tous
les cas; on les étendait sur un instrument de supplice, appelé *Scamnum*, dont le savant Eccard
a donné la description, et ils y étaient battus de
verges.)

Article premier. Si le vol dont l'esclave est
accusé est tel qu'il emporterait pour un homme

libre une peine de 600 deniers, l'esclave sera étendu sur le scamnum, et recevra 120 coups.

II. Si, avant ce supplice, il avoue le vol, il peut, avec le consentement du maître auquel il appartient, donner 120 deniers pour racheter son dos, et le maître doit restituer l'objet volé ou sa valeur.

III. Si le vol est tel qu'il emporterait pour un homme libre une peine de 1,400 deniers, l'esclave recevra également 120 coups.

IV. S'il avoue le délit pendant le supplice, il sera châtré, ou paiera 140 deniers, et son maître rendra également l'objet volé.

VI. Si l'esclave accuse son maître du vol, qu'il ne soit pas cru.

VII. Si le délit est tel qu'il emporterait pour un homme libre une peine de 1,800 deniers, et si l'esclave ne le confesse que pendant le supplice, qu'il soit frappé de mort.

XV. Si une femme esclave est accusée d'un délit tel qu'un esclave devrait être châtré, s'il l'avait commis, elle paiera 240 deniers, avec le consentement de son maître, ou elle recevra 240 coups.

TITRE XLIII.

Des Homicides commis sur la personne d'un homme libre.

ARTICLE PREMIER. Si l'homme libre est un

Franc, ou tout autre barbare *vivant sous la loi Salique* (1) la composition sera de 8,000 deniers.

IV. S'il est *Antrustion* (2) elle sera de 24,000 d.

V. S'il est Romain *Convive du Roi* (3) 12,000.

VI. S'il est Romain *Possesseur* (4) 4,000.

VII. S'il est Romain *Tributaire* (5) 1,800.

TITRE XLIV.

Des Homicides commis par des bandes armées.

(La composition pour le meurtre d'un lite est moitié moindre que celle assignée au meurtre d'un homme libre ; et le Romain est, en cette occasion, assimilé au lite.)

TITRE XLV.

Des Homicides commis dans les festins.

---

(1) Voyez *l'Avant-propos.*

(2) L'Antrustion était l'homme libre qui s'était particulièrement recommandé au Roi, et qui était sous sa protection spéciale ; ou, selon l'expression du tems, *sous sa parole... In verbo, in sermone Regis esse, in truste dominicâ esse; sub patrocinio, mundeburde, defensione Regis:* ces phrases sont toutes indifféremment employées par les anciens auteurs.

(3) C'était un ordre particulier de Romains libres.

(4) Celui qui possédait des terres en propre.

(5) Celui qui tenait à bail des terres du Roi, du clergé, ou d'un simple particulier.

TITRE XLVI.

Des secondes Noces des veuves.

(Il paraît, d'après ce titre, que les veuves avaient besoin du consentement de leur famille pour se remarier, et que celui qui en épousait une, devait donner une certaine somme à la famille.)

TITRE XLVII.

Des personnes qui changent d'habitation.

TITRE XLVIII.

Des Donations.

TITRE XLIX.

De la recherche des objets volés.

TITRE L.

Du Faux Témoignage.

ARTICLE PREMIER. Si quelqu'un a rendu un faux témoignage, qu'il paie 600 deniers.

II. Si on reproche à quelqu'un de s'être parjuré et qu'on ne puisse le prouver, on paiera également 600 deniers.

TITRE LI.

Des Témoins ajournés.

ARTICLE PREMIER. Si les personnes dont le

témoignage est nécessaire à un plaideur, ne veulent pas se rendre au plaid, il peut les ajourner.

II. Si elles n'obtempèrent point à l'ajournement, et qu'elles ne puissent faire valoir d'empêchemens légitimes, elles paieront chacune 600 deniers.

III. Si, arrivés au plaid, elles refusent de prêter serment, et de déclarer ce qu'elles savent, elles paieront égalent 600 deniers.

TITRE LII.

De celui qui nie les dettes qu'il a contractées.

(Il est question dans ce titre du mode de procédure pour obliger les débiteurs à satisfaire leurs créanciers. On y détaille les formes que sont tenus d'observer le Comte, ou Président du tribunal, les Rachinbourgs, ou assesseurs, et le créancier. Il se termine par cet article remarquable.

« Si le Comte refuse ou diffère de rendre jus-
» tice au créancier, et qu'il n'en soit pas empêché
» par des raisons légitimes, il faut qu'il se rachète
» ou qu'il périsse. »)

TITRE LIII.

Des Saisies illégales.

ARTICLE PREMIER. Si un créancier va trouver le Comte pour l'inviter à faire saisir le bien de son débiteur, sans que celui-ci ait été ajourné conformément aux lois, il paiera 8,000 deniers.

II. Si le Comte fait prélever sur les biens du débiteur une somme plus forte que celle qui est due au créancier, il faut qu'il se rachète ou qu'il périsse.

TITRE LIV.

De celui qui refuse de restituer des objets prêtés.

TITRE LV.

Du Rachat de la main.

(On voit par ce titre que, lorsqu'on affirmait une chose en justice, et qu'on était sommé de se soumettre à l'épreuve de l'eau bouillante, on pouvait en être dispensé, moyennant une somme qui variait suivant la gravité de la cause. On sait que cette épreuve avait lieu en plongeant son bras jusqu'au coude dans une chaudière d'eau bouillante.)

TITRE LVI.

De celui qui aura tué un Comte.

ARTICLE PREMIER. Celui qui aura tué un Comte, paiera 24,000 deniers.

II. Si on tue un *Sagibaron* (1) qui soit attaché

------

(1) Juge inférieur.

au service domestique du Roi, on paiera 12,000 deniers.

III. Si le Sagibaron est un homme libre, 24,000 deniers.

IV. Il n'y aura pas plus de trois Sagibarons par chaque Malloberge, c'est-à-dire par jurisdiction d'un même tribunal civil; et si une cause a été jugée par eux conformément aux lois, on ne peut en appeler au Comte.

TITRE LVII.

Des Cadavres dépouillés et des vols commis dans les tombeaux.

(C'est une suite du titre XVII.)

TITRE LVIII (1).

Des Délits commis dans les églises et du meurtre des Clercs.

ARTICLE PREMIER. Si quelqu'un incendie une église consacrée, ou dans laquelle se trouvent des reliques de Saints ; ou s'il dérobe un objet quelconque, sur l'autel, ou dans quelqu'autre endroit

---

(1) Ce chapitre est de l'empereur et roi *Louis-le-Débonaire.*

de l'église, il paiera 8,000 deniers, en outre de la restitution de l'objet volé et de l'acquit du fredum.

II. Si on tue un sous-Diacre, on paiera 12,000 d.

III. Si un Diacre . . . . 16,000.

IV. Si un Prêtre . . . . 24,000.

V. Si un Evêque . . . . 36,000.

TITRE LIX.

De celui qui refuse de se rendre au plaid.

(Celui qui, étant ajourné, refusait de se rendre devant le juge, ou qui, ayant été jugé, refusait de se soumettre au jugement, était mandé devant le Roi ; et, s'il ne s'y rendait pas, tout son bien était confisqué et il était banni de la société ; sa femme elle-même ne pouvait lui donner l'hospitalité.)

TITRE LX.

Des Rachinbourgs qui ne jugent pas conformément à la loi.

(S'ils refusent de juger, ils paient 120 deniers ; s'ils diffèrent de les payer, ils sont tenus d'en donner 600 ; s'ils ne jugent pas conformément à la loi, ils en paient également 600.)

TITRE LXI.

(Ce titre est intitulé *de Chrenechrudâ*. On appelait de ce nom une poignée de terre que jetait sur son plus proche parent, l'homme qui, après avoir commis un meurtre, ne pouvait payer à la famille du mort la somme voulue par la loi. Le parent était alors chargé de payer cette composition, à moins qu'il ne jetât la poignée de terre sur quelqu'autre personne de la famille de l'homicide ; et enfin l'homicide subissait la peine capitale, si aucun des siens ne voulait ou ne pouvait acquitter la composition.)

TITRE LXII.

De l'Aleu (1).

ARTICLE PREMIER. Si un homme meurt sans laisser d'enfans, que son père ou sa mère lui succèdent.

II. S'il n'a ni père ni mère, que ses frères ou sœurs héritent de lui.

III. A défaut de ceux-ci, que ce soient les sœurs de son père.

IV. A défaut de celles-ci, les sœurs de sa mère.

V. Et à défaut de ces dernières, les plus proches parens paternels.

---

(1) *Alodium*, tout *propre*, et surtout le propre acquis par voie d'hérédité.

vi. Mais qu'aucune portion de la terre Salique ne passe en héritage aux femmes ; et que tout *l'héritage de la terre appartienne aux mâles.*

(Telle est la traduction littérale de ce fameux titre 62, qui a été interprêté de tant de manières, et a donné lieu à des systêmes si divergens. Claude de Seyssel, Robert Gaguin, et quelques autres, avaient cru voir dans l'article 6 l'exclusion du trône prononcée contre les femmes, assimilant ainsi le Royaume aux terres saliques. Il est aujourd'hui reconnu que la loi Salique, qui, au surplus, ne contient aucun article de droit public, n'a rien statué à l'égard de la succession royale (1).

Mais qu'était-ce que les terres saliques ?

Selon les uns, c'étaient des bénéfices militaires. Cette opinion a été réfutée par le président *Hainault*, qui distingue avec raison les terres saliques, qui étaient patrimoniales, héréditaires, des *bénéfices* ou *fiscs*, qui étaient des terres données à vie par le prince.

Selon d'autres, c'étaient les terres conquises

---

(1) Les mâles étaient seuls appelés à exercer l'autorité royale, en vertu d'un usage immémorial, très-naturel sans doute chez une nation purement guerrière, où le Roi ne fut long-tems qu'un général d'armée.

Nous devons croire cette coutume bien ancienne, puisque *Agathias*, qui vivait au 6ᵉ siècle, l'appelle *patrios nomos.*

« Il faut, dit *Bignon*, que ce soit un droit de grande autorité, » quand on l'a observé si étroitement, qu'il n'a point été nécessaire » d'en rédiger une loi par écrtt. »

par les Francs sur les Gaulois. *Lindenbrog* est de cet avis (1).

Selon d'autres, enfin, c'étaient les terres possédées en propre par les Francs, et, par conséquent, transmissibles à leurs enfans.

Wendelin partage cette opinion qui a justement prévalu, et que *Montesquieu* a adoptée.

Observons en passant qu'elle rentre dans la précédente ; car, à l'origine de la monarchie, qu'étaient-ce que les terres des Francs-Saliens, sinon celles qu'ils avaient enlevées aux Gaulois ?

Les Francs, avant leur départ de la Germanie, ne possédaient, à titre de patrimoine, que le terrain qui entourait leur maison à une certaine distance ; et, dans leur langue, *Sall* signifiait *Maison* ; *la Terre Salique* désignait donc primitivement *la terre de la maison*, *la maison et l'enclos*. (Voyez *Eccard* et *Montesquieu*.) Plus tard, ces mots devinrent synonimes de *patrimoine foncier*, *d'aleu territorial*.

Il paraît, par une variante qui existe à l'article 6 de ce titre 62, dans l'édition d'*Hérold*, que les filles partageaient la terre, par égales portions, avec les parens de leur père, quand celui-ci ne laissait que des parens très-éloignés. Des com-

____

(1) *Illa est terra quæ hostibus devictis, Regi militibusque saliis assignata fuit.*

mentateurs ont pensé, en rapprochant cet article de quelques lois analogues des autres tribus germaines, et surtout de la loi Ripuaire, que c'était lorsque ces parens du père étaient au 6e degré (1).

Montesquieu prétend que les filles héritaient de la terre, quand le mourant ne laissait pas de fils, et que les parens mâles du mort n'avaient droit à la terre qu'à défaut de filles. Les raisons qu'il en allégue ne sont rien moins que péremptoires.

Le texte de la loi Salique et les anciennes Chartes paraissent formels à cet égard, et il nous semble naturel de penser, d'après leurs expressions et leur contexture, que les filles, à défaut de fils; les père et mère, à défaut de filles; les sœurs et frères, à défaut des père et mère; et les tantes du mort, à défaut de ces derniers, héritaient de la totalité de l'aleu, à l'exception toutefois de l'aleu territorial, *de l'héritage de la terre*, qui ne se partageait qu'entre les mâles, jusqu'à un degré très-éloigné; *post longum tempus*, dit l'édition d'*Hérold*.

Cette coutume, qui dépossédait les filles de tout héritage foncier, ayant paru trop rigoureuse, l'usage s'établit que le père, par donation expresse ou par testament, affranchît ses filles de la loi commune, et les admît au partage de ses biens territoriaux : ce qu'il décidait en leur faveur ne

____

(1) Voyez les notes de la page 57.

pouvait être invalidé par les juges, et la loi se taisait.

Voilà, en partie, pourquoi il est si souvent question, dans les monumens législatifs et historiques des deux premières races de nos Rois, de *terres allodiales possédées par des femmes* (1).

Ainsi les filles partageaient, avec leurs frères, les esclaves, les sommes d'argent, les meubles, etc., en vertu de leurs droits légaux; et le bien foncier, selon la volonté du père (2).

____

(1) Nous citerons entr'autres la preuve suivante.

CARTA UT FILIÆ CUM FRATRIBUS IN PATERNA SUCCEDANT ALODE.

(Extrait des formules de *Marculphe.*)

Dulcissima filia mea illa ego ille (*). *Diuturna sed impia inter nos consuetudo tenetur, ut de terrâ paternâ sorores cum fratribus portionem non habeant. Sed ego perpendens hanc impietatem, sicut mihi à Domino æqualiter donati estis filii ità et à me sitis æqualiter diligendi, ut de rebus meis post meum discessum æqualiter gaudeatis; ideoque per hanc epistolam te, dulcissima filia mea, cum germanis tuis filiis meis illis in omni hereditate meâ æqualem et legitimam esse constituo hæredem; ut tàm de alode paternâ quàm de comparato, vel mancipiis, aut præsidio nostro, vel quodcunque moriens reliquero, æqualentia cum filiis meis, germanis tuis, dividere vel exæquare debeas; et in nullo penitùs portionem minorem, quam ipsi, non accipias, sed omnia vel ex omnibus inter vos dividere, vel exæquare æqualiter debeatis.*

(2) Tout ceci reçoit une pleine confirmation du titre VI de la loi des Angles, qui suit pas à pas le titre LXII de la loi Salique, qui est évi-

____

(*) *Illa, ille* sont, dans la formule, à la place des noms; comme nous dirions, un tel, une telle.

Les Codes primitifs des nations barbares qui se partagèrent l'Empire romain, sont tous plus

demment conçu dans le même esprit, et qui est seulement plus clair et plus explicite. Nous allons les mettre en regard.

LEX ANGLIORUM.

VI DE ALODIBUS.

I. *Hereditatem defuncti filius, non filia suscipiat. Si filium non habuit qui defunctus est, ad filiam pecunia et mancipia*, terra verò ad proximum paternæ generationis consanguineum pertineat.

II. *Si autem nec filiam habuit, soror ejus pecuniam et mancipia; terram proximus paternœ generationis accipiat.*

III. *Si autem nec filium, nec filiam, neque sororem habuit, sed matrem tantùm superstitem reliquerit, quod filia vel soror debuerunt, mater suscipiat, id est, pecuniam et mancipia.*

IV. *Quod si nec filium, nec filiam, nec sororem, aut matrem dimisit superstites, proximus qui fuerit paternœ generationis, ex toto succedat, tàm in pecuniâ atque mancipiis, quàm in terrâ.*

V. *Ad quemcumque hereditas terræ pervenerit, ad illum vestis bellica, id est, lorica, et ultio proximi, et solutio leudis* (*) *debet pertinere.*

VI. *Mater moriens filio terram, mancipia, pecuniam dimittat, filiœ verò spolia colli, id est, murenas, nuscas, monilia, inaures,*

LEX SALICA.

LXII. DE ALODE.

I. *Si quis homo mortuus fuerit et filios non dimiserit, si pater aut mater superfuerint, ipsi in hereditatem succedant.*

II. *Si pater aut mater non superfuerint, et fratres vel sorores reliquerit, ipsi hereditatem obtineant.*

III. *Quod si nec isti fuerint, sorores patris in hereditatem ejus succedant.*

IV. *Si verò sorores patris non extiterint, sorores matris ejus hereditatem sibi vindicent.*

V. *Si autem nulli horum fuerint, quicunque proximiores fuerint de paternâ generatione, ipsi in hereditatem succedant.*

VI. *De terrâ vero salicâ, nulla portio hereditatis mulieri veniat; sed ad virilem sexum tota terræ hereditas perveniat.*

(*) *Leudis* pour *compositionis.*

ou moins défavorables aux femmes dans leurs dispositions relatives aux héritages.

La loi des Angles est, en ce point, conforme à loi Salique (1) à très-peu de différence près.

La loi des Ripuaires exclut les filles non seulement de l'héritage foncier, mais de tout l'héritage paternel (2).

---

vestes, armillas, vel quidquid ornamenti proprii videbatur habuisse (*).

VII. *Si nec filium, nec filiam habuerit, sororem verò habuerit, sorori pecuniam et mancipia, proximo verò paterni generis terram relinquat.*

VIII. Usque ad quintam generationem paterna generatio succedat. Post quintum autem *filia ex toto, sive de patris sive matris parte, in hereditatem succedat, et tunc demùm* hereditas ad fusum à lanceà transeat.

Texte du 6e. article, d'après l'édition d'Hérold.

De terrâ verò salica in mulierem nulla portio hereditatis transit, *sed hoc virilis sexus acquirit, hoc est, filii in ipsâ hereditate succedunt; sed ubi inter nepotes et pronepotes,* post longum tempus, de alode terræ *contentio suscitatur,* non per stirpes, sed per capita, dividantur.

Chose inconcevable, ce titre de la loi des Angles, qui est si décisif, a échappé aux commentateurs de la Loi salique, et à Montesquieu lui-même.

(1) *Voyez la note précédente.*

(2) *Si quis absque liberis defunctus fuerit, si pater materque superstites fuerint, in hereditatem succedant.*

Si pater materque non fuerint, frater et soror succedant.

Si autem nec eos habuerit, tunc frater et soror matris patrisque succedant ; et deinceps, usque ad quintum genuculum *, qui proximus fuerit, in hereditatem succedat. Sed* dùm virilis sexus extiterit, femina in hereditatem aviaticam non succedat. (*Loi des Ripuaires, tit.* 56; *De alodibus.*)

(*) La Loi des Bourguignons contient une disposition semblable :
Ornamenta et vestimenta matronalia ad filias, absque ullo fratris fratrumque consortio, pertinebunt. (Loi des Bourguignons, tit. 51 art. 5.)

La loi des Saxons laisse aux filles tout l'héritage, à défaut de fils, mais dans le cas uniquement où il n'existe point d'enfans mâles des fils qui seraient décédés avant leur père (3).

La loi des Bavarois et celle des Allemands paraissent exclure les filles, dans tous les cas, de toute participation à l'héritage, puisque, en traitant de l'égalité des partages, elles emploient l'expression *Fratres* (4).

La loi des Lombards, si une fille en puissance de père, ou une sœur en puissance de frère, était mariée à l'époque du décès du père ou du frère, ne lui accordait aucune part dans l'héritage; sinon, elle en avait une petite portion, réglée suivant le nombre des co-partageans mâles. C'é-

---

(3) *Pater aut mater defuncti filio non filiæ hereditatem reliquant.* (Loi des Saxons. *Tit.* 7. *Art.* Ier)

Qui defunctus non filios , sed filias reliquerit; ad eas omnis hereditas pertineat. (Ibid. art. 4.)

Qui filium aut filiam habuerit , et filius uxore ductâ filium genuerit et mortuus fuerit, hereditas patris ad filium filii , id est ad nepotem , non ad filiam pertinet. (Art. 6.)

N. B. L'exemplaire que je consulte porte : *qui filium aut filiam;* mais il est clair qu'il faut lire : *et filiam.*

(4) *Ut fratres hereditatem patris æqualiter dividant: ut quamvis multas mulieres habuisset, et totæ liberæ fuissent de genealogiâ suâ, quamvis non æqualiter divites, unusquisque hereditatem matris suæ possideat , res autem paternas æqualiter dividant.*

(Loi des Bavarois , *Tit.* 14 , *art.* 8.)

Si qui fratres post mortem patris eorum aliquanti fuerint, dividant portionem patris eorum; dùm hoc non fuerit factum , nullus rem suam dissipare faciat , usque dùm æqualiter partiantur.

(Loi des Allemands , *tit.* 88.)

tait, par exemple, le quart du bien, quand le père ne laissait qu'un fils et une fille (5).

Le Code des Visigoths est le seul qui établisse l'égalité des partages entre les frères et sœurs, et pour tous les genres d'héritage (6).)

TITRE LXIII.

De celui qui veut répudier sa famille.

(Il annonçait sa détermination au magistrat, dans certaines formes prescrites par le présent titre ; après quoi, il ne pouvait plus prétendre à

---

(5) *Si pater filiam suam , aut frater sororem suam legitimam alii ad maritum dederit , in hoc sibi sit contenta de patris aut fratris substantiâ , quantum ei pater aut frater in die nuptiarum dederit, et amplius non requirat.* (Loi des Lombards ; *liv. 2 , tit.* 14 ; des successions ; Art. 14 , inséré par le roi *Rotharis.*)

Si quis Longobardus habuerit filium masculum legitimum unum et filiam legitimam unam aut plures , et antequam eas ad maritum tradat, potestatem habeat ad filias per cartam donationis, si volue. rit , usque ad quartam portionem de rebus suis judicare ; et si judicaverit, stabile permaneat. Nam si duos filios legitimos habuerit, et filiam unam aut plures , septimam portionem de rebus suis judicet , si voluerit. Si verò amplius fuerint filii , per hanc rationem computentur. Si verò pater vivente se , eas ad maritum dederit , ordinet juxtà legem qualiter voluerit.

(Ibid. tit. 20 , art. 2 , inséré par le roi *Luitprand.*)

N. B. Le règne de Luitprand étant postérieur à celui de Rotharis , ces mots *juxtà legem* ont trait à l'art. 14, du tit. 14 , cité au commencement de cette note.)

(6) *Quod in omni hereditate fœmina accipi debeat... AEqualiter cum fratribus veniant ; nam justum omninò est ut quos propinquitas naturæ consociat, hereditariæ successionis ordo non dividat.* (Lo des Visigoths , *liv. 4 tit. 2 , chap.* 1 *et 9.*)

hériter d'aucun de ses parens ; et, s'il mourait, le fisc héritait de lui.)

TITRE LXIV.

Des Vols commis de vive force.

TITRE LXV.

De la Composition pour homicide.

ARTICLE PREMIER. Si un père de famille est tué , son fils ou ses fils recueilleront la moitié de la composition, et l'autre moitié sera partagée entre ses plus proches parens, paternels et maternels.

II. S'il n'a point de parens paternels, la portion qui leur revenait sera acquise au fisc ; il en sera de même s'il n'a point de parens maternels.

TITRE LXVI

Des hommes assassinés à l'armée.

(La composition était deux fois plus forte.)

TITRE LXVII.

De celui qui en appèle un autre Sorcier.

TITRE LXVIII.

De celui qui écorche un cheval mort sans la permission du Maître.

TITRE LXIX.

De celui qui décroche un pendu.

ARTICLE IV. Celui qui décroche un pendu encore vivant, paiera 4, 000 deniers.

TITRE LXX.

De celui qui a recherché une jeune fille en mariage, et qui se désiste.

Si quelqu'un a demandé une jeune fille en mariage, en présence des parens de la jeune fille, et des siens, et qu'ensuite il se rétracte et refuse de la prendre pour épouse, il paiera 2, 500 deniers.

TITRE LXXI.

Des terres sur lesquelles on jète un sort.

Si quelqu'un a jeté un sort sur la terre d'autrui et qu'on puisse en donner des preuves, il paiera 2, 500 deniers. (1)

FIN.

---

(1) Le texte porte : *si quis terram alienam condemnaverit.* Que signifie ici le mot *condemnare?* Un latiniste de nos amis nous indique l'expression *endommager, causer des dégâts*, en raison de la racine *Damnum.* Peut-être cette explication est-elle préférable à celle que nous avons hasardée.